JN437828

가슴으로 사는 나무

책 만 드 는 집 시 인 선 128

가슴으로 사는 나무

방순미 시집

책만드는집

| 시인의 말 |

첫아이 들어서면서 한여름 홍시가 먹고 싶어 철없이 떼를 쓰곤 했다.

지독한 입덧과 산통 겪게 한 아이가 시집을 간다고 한다.

흐뭇한 생각이 들다가도 딸에게 부족하기만 했던 어미가 무얼 할까 하다 시를 엮어 안겨주기로 했다.

어머니 어머니로부터 어머니 그리고 딸
탯줄과 탯줄 생명을 이어갈 우주의 찬란한 생명,
별에게 이 시집을 바친다.

—2019년 생강나무 꽃봉오리 터지는 봄

방순미

| 차례 |

1부

2부

3부

1부

별*

객지에서 고생하다
집에 오면 별 보며
자고 싶다는 딸

앞바다 낮 동안 데워진
모래알에 나란히 누워
별을 본다

파도 소리 멀어지면
찰랑,
별이 떴다 진다

별 뜬 곳 없고
진 곳 없는 하늘

가만히 볼수록
가슴 환하다

* 지금도 그대로 부르는 딸의 배냇이름.

팔베개

팔을 늘 베개로 내어주는 이
삼십여 년 낡지도 않아
여전히 딱 맞는 베개

어젯밤 그가 저리다며
슬그머니 팔을 뺀다

내 탓인 것만 같아
밤새 가만히 아프다

안부

눈뜨자
좋은 아침
나는 안녕

긴 이야기 하지 않아도
서로 사랑이란 말보다
소중하다는 걸 알고 있다

멍텅구리배 사공

아버지는 멍텅구리배 사공이었다

오랜 객지 생활로 기억 뜸한 마중을 간다
고향 찾아드는 사람들 북적이는 틈으로
간절했으나 보고도 서로 모를 아버지
물 빠진 갯벌만 바라보다 돌아섰다

집에 오니 먼저 와 계신 게 아닌가
온 세상 내 것인 양 우쭐해
동네 사람 보기만 하면 달려가
우리 아버지 오셨다고 소리쳤다

그것도 잠시
궤짝 위 목화솜 베자루 두엇
올려놓고 다시 객지로 내몰렸다

돛도 닻도 없는
멍텅구리배 사공이었던 아버지
딸이 시집가던 해
돌아올 수 없는 길을 가고야 말았다

그분 향기 짙게 밴
목화솜 혼수 한 채

유리산누에 빈방 드나들듯
겨울이면 하염없이 뒹구는
갯바람 나는 하얀 목화밭

고물

접은 지 오래된 고물상
그 터에 콩꽃 필 무렵
한 청년이 찾아와
고물상을 하겠다고 한다

하필이면 고물이야 하다가
땅도 주인 팔자 닮나 보다 싶어
내어주었다

실려 오고 실려 가고
날마다 썩은 쇠
떼그럭거리는 소리

저 쇠,
무쇠처럼 새것이 된다 하여도
언제가 썩어질 쇠가 아닌가

무쇠나

무쇠처럼 산 나나

별수 없는 건 마찬가지지

뗏목으로 떠난 발해

블라디보스토크에서 동해
발해 혼을 싣고 오다
산만 한 파도 뗏목을 할퀴었다

겨울 허허바다
내동댕이쳐진 탐험가*

윗동네 사람들
그를 찾아 나섰다

노질하던 아버지
사공의 화신인가

돛 꺾여 사라진 몸
바람의 아들로 돌아왔다

자상하던 오라버니가 아니다
빙벽보다 차가운 눈

얼음덩어리가 된 몸에서
발해가 살아 꿈틀거린다

해동성국보다 큰
천지간 허공

다시, 혹한 바닷길
뗏목을 띄우려 하고 있다

* 방의천 대장.

바깥

밋밋한 봉분 곁으로
'바깥'이라는 팻말은
산방 대문이었다

옆에서 도반이
어깨동무 글씨체로 쓴
이 사람은 어제
오음의 각루자殼漏子 벗었다고 한다

저, 바깥
소리 없는 소리

가던 길 멈춰 서
안과 밖
길을 묻는다

주인 없는 뜰 서성이다
숲 속 벗어나니
소양호 물소리 맑다

바랭이풀 뽑다가

이웃 마실 어려운 노모
텃밭 풀이 무성하다

바랭이풀과 종일 씨름
손목이 아프다

마디마다 뿌리 내려
힘껏 잡아당기면
살려고 움켜쥔 흙
지구가 딸려 온다

바라보시던 어머니
뽑아놓은 풀 더미에 앉아
그대로 버리면 땅이 꺼진다며
뿌리에 붙은 흙 하나씩 털어낸다

몽땅 개울에 갖다 버리면
죽을 텐데 했다가도
흙 한 줌 귀하게 여기며
살아온 아득한 시간

바랭이풀보다
지독했을 외로움
노을 비친 어머니
손등이 붉다

은어튀김

은어튀김 받아놓고 술을 마신다

바다 안 과수밭이 있는 걸까
은어 뼛속 스며든 수박 향기

바보

술을 즐겨
자주 빚는다

내가 만든 술에 내가 취해
꼼짝할 수 없을 때

아,
바보라는 걸 알았다

멈춘 손목시계

결혼 예물 시계
장롱에서 오랜만에
꺼내보니 멈췄다

손목에 끼고 설거지해도
물이 들어가지 않았는데
분해 청소 해야 한단다

항하恒河의 모래알
부서져 시계 속에
부처로 앉아 있나 보다

시계포에 걸린 벽시계
모두 멈추기 위해
가고 있는 게 아닌가

물을 보다

태양에 물비늘
눈부신 계곡에 앉아
물소리 본다

돌멩이 생긴 대로
물빛 다르고
물소리 다르다

말랑말랑한 소리

부딪쳐 소리가 나도
물엔 상처가 없다

오직 흐를 뿐

더벅머리 선장

완도 뱃길 따라
여서도 가는 섬사랑 7호
뱃머리에 앉아
하릴없이 물길 바라보는데
더벅머리 흩어져
볼품없는 사내
다가와 말을 건넨다

“여서도 사람 다 아는데
섬에 무엇 하러 가시오
난 이 배 선장이오
여기는 보길도
저기는 청산도
멀리 보이는 것이 여서도
난 여서도 옆에 보이는 추자도에서
태어나 선장이 꿈이었다오”

아무런 대답 없는 나를
섬에 내려놓고 간 뒤
보고 싶던 섬은 없고
더벅머리 사공
추자도 섬 소년만 남아
풍랑으로 끊어진 뱃길
빈 항구만 바라본다

중앙순대국 집

처마가 낮아
머리 닿을 듯한
속초 중앙시장 골목
십구공탄에서 밤새 삶는
비릿한 뼈 냄새
뼛속까지 배어든다

허기진 배 채우려
오고 간 사람들 발자국
시멘트 바닥 연탄보다 검다

칼칼한 국물에 새우젓
숟가락 들여 넣을
틈 없이 빽빽한
인심 한 그릇

삼십여 년 배고플 때
떠오르는 첫 소리
순댓국이 먹고 싶다!

낮달

구름처럼 핀 백목련
바라보며 술을 마신다

으레 없어도
잔 하나 부어놓지

헛헛하고 소용없는
기다림

태평한 하늘
술잔에 떠오른 달

남대천 연어

바다와 양양 남대천
오가는 방랑자

등줄기에 내린 빛 들림
무명실 풀어놓은 듯 찰랑인다

강 가득 메운
연어 떼

만삭 몸뚱어리 뒤뚱대며
전사처럼 떠들어 와
꼭, 가야 할 길이 있는가

죽을힘 다해
물살 가른다

박수선

양양 재래시장 안
벽 막아 나눠 쓰는
옆 칸은 옷 수선집
작은 소리 환하게 보인다

트고 막고 자르고 늘리고 박고
수선될 때까지 기다리는
사람 수다가 종일 이어진다

재봉틀 요란하게 돌아가면
수다 소리 천장을 뚫고
봉제 뜯는 단면도 들었는지
숨죽인 듯 조용하다

박수선 집에는
말 수선하러 오는 사람들도 있다

누구 말이 맞니 틀리니
트고 막고 자르고 늘리고 쐐기 박고

겉도는 줄 뻔히 알면서
팔려고 걸어놓은 옷
하나 집어 들고 끼어든다

촘촘한 바늘땀마다
허튼소리 죄다 박아버리는
박수선 집 무싯날에도
손님 넘쳐난다

섬 너울

수만 피트
창공에서 보는
격한 파도

먼 우주
토성의 섬광처럼

섬을 에워싸
띠를 맨 듯
눈 시린 너울

바닷물 동치미

바닷속엔 소금 만드는
맷돌 쉼 없이 돌아
늘 맑은 소금물

김장철이면 바닷물 퍼다
동치미 담근다

쌉쌀하면서 찬
잘 익은 동치미

한 사발 들이켜면
엿가락같이 긴 겨울잠
쏜살같이 달아난다

자화상

인생 팔 할이 술
비틀대듯 걸어왔다

주막집에 들러 마신 탁주
치마폭에 떨어져 만발한 매화여

면벽하며 나를 찾겠다고
돌아치던 새벽 찬 바람

다 부질없어라

술에 취해 기억나지 않는
오밤중 화장실로 데려간
그게 나인지 몰라

2부

디라북사원*에서

-콧구멍 없는 소와 수미산 1

이 산, 여기까지
소가 나를 업고 왔다

수미산 순렛길
내가 업고 가야겠다

소를 배낭에 넣고 나섰다
공기가 희박하다

야크몰이꾼 짐승보다 큰
짐을 싣고 올라간다

콧구멍 없는 소는 말이 없다
종일 걸었다

야크도 쉬어 가는 디라북사원

콧구멍 없는 소를 꺼내
침낭 속에 넣었다

밤새도록 괭이잠만 드는데
소는 기척이 없다

* 수미산 바깥길 해발 5,050m에 있는 사원.

업장소멸 고개
-콧구멍 없는 소와 수미산 2

발 땅에 눌어붙는 듯한
업장소멸 고개 올라섰다

산릉선
온통 룽다 숲
바람에 흩날린다

숨이 꺼질 듯 턱 밑에 있고
배낭 속 소를 살펴본다

아무런 일 없다는 듯
고요하다

시집을 묻다
–콧구멍 없는 소와 수미산 3

소신공양되길 원했던
콧구멍 없는 소

희박한 공기
불이 붙지 않는다

수미산 삼도 해탈
고갯마루

빛다발 내리는
오색 타르초 아래
콧구멍 없는 소를 묻는다

오체투지 삼배
목젖까지 차오른 숨

나, 홀로

무섭도록 쓸쓸한 소식

뿔무소와 성산

–콧구멍 없는 소와 수미산 4

하늘 가까운 곳에
콧구멍 없는 소가 잠든
성산 바깥길

다시, 품에 안고
돌아올 수도 있었지만
그것은 뿔무소의 뜻이 아니었다

"나는 콧구멍 없는 소다. 누구도
내 코를 꿰어 끌고 갈 수 없다."*

눈알이 붉은 황소
맞닥뜨린 듯
뒷걸음질 쳤다

그길로

제석천왕이 살았다는
얼음 강 건너
아득한 벼랑을 내려섰다

* 최명길 시 「콧구멍 없는 소」에서 인용.

수미산지기

–콧구멍 없는 소와 수미산 5

수미산 안과 밖
순례 마치고
그날은 카일라스 덮고
잠이 들었다

수미산 안섶 길
누군가 사지 벌리고 산을 막아섰다
들어가지 못하는 사람들은 아우성치는데
수미산지기는 놀랍게
콧구멍 없는 소였다

스승이시여!
엎드려 발목 잡고 애원하며
나만 봐달라고 떼를 썼다
어림도 없다는 듯
눈길도 주지 않는다

억울하여 흐느껴 울었다

깨어보니
베개가 흥건하다

구름 속 천불동

설악산 잇닿은 금강산
산 에두른 이곳에서
“나랑 시 쓰며 살자” 했지요

한겨울 몸담고 있던 교실
시 멍석 깔아놓고
한비 풀밭 물소리 모여
밤 꼬박 새우던 청년
그때 임의 나이
훌쩍 넘어섰습니다

떨어진 낙엽 하나에
우주를 보여주며
꿈꾸게 하신 이여!

섬처럼 떠도는 천불동

구름에 잠겨 보이지 않는다고
없는 것 아니듯

허공을 보면
난, 당신이 보입니다

멀리서 보는 그림

먼발치에서 봐야
볼 수 있습니다
가까스로 있을 때
눈멀어집니다

마주 서면 또렷이
볼 수 있을 것 같지만
오히려 저 너머
하늘만 바라보게 됩니다

눈빛 너무나 깊어서
얕은 내 눈망울로는
담아볼 수 없습니다

복사꽃 떨어지는 오월

술집 한 모퉁이
통조림 복숭아
붉은 조명발에 천만 개
복사꽃 핀다

연분홍 치마로 시작하는
〈봄날은 간다〉
옆에 앉은 남루한 사내
기타 치며 쉼 없이 부른다

복사꽃 떨어지는
어느 오월,

읊조리다 부르짖다 노래하다 옹알이하다

한밤 서럽도록
부르다 잠이 든다

맨주먹

살다 보니 주먹
움켜쥔 적 있다

힘쓸 때
속았을 때
첫길에 설 때

그러나
갈 때는 누구나
손 놓고 간다지요

난 보았다

한 시인이
꽃버선 갈아 신고
북벽 향해

불끈 쥔 맨주먹

하늘 찌를 듯
또렷하다

나팔꽃 소년

삼촌 같던 임수철 작가
진해로 떠나야겠다고 한 뒤
우리 집 울타리엔 앙다문 나팔꽃 펴
온통 보랏빛으로 달포간 물들었다

배웅 나가던 날 담장 건너다보니
환하던 꽃잎 사라지고
메마른 줄기만 칭칭 감겨 있다

어린 시절 나팔꽃 보며 '꽃에서
나팔 소리가 났으면 더 좋겠다' 했다는 소년
설악산 품에서 오십여 년 머물다
대작곡가가 되어 고향으로 돌아간다

시를 보면 자연을 노래하듯
노랫가락으로 읊조리는 이

나를 위해 만든 기타곡
〈방황〉은 쓸쓸할 때 꺼내 부르면
쓸쓸함이 더하여 스스로 길을 묻곤 한다

나팔꽃 지는 시월

소년의 가슴에 흐르는 나팔꽃
내 가슴에도 그 꽃
지극히 사무치겠다

단짝

한 시인은 땅 보고 걷고
한 시인은 하늘 보며
나란히 걸었다

땅 보며 걷던 시인은
별이 된 지 오래
벗이 보고 싶은 걸까

하늘 보며 걷던 시인
바람 부는 목우재
철새 날아드는
소야천에서 보았다

그분이
하늘 무심히 바라보거나
먼 산 오랫동안 바라볼 때
난, 가장 두려웠다

하얀 손수건

가슴에 일궈놓은 시밭
초원인 줄 알고 뛰놀았지

어느 날
해가 서산 넘어가듯
가더니 돌아올 줄 모르네

혹독한 세상
이제, 나에게
누가 손수건을 던져줄 것인가

사이새*

–산채 생각 1

예순아홉 굽이 산길
돌아가다 만난 체로금풍

침묵보다 깊은
바람 가득한 오두막

울지 못하고 날 수 없는
돌새 한 마리

* 박황재형 화백의 돌로 만든 조각품.

박황 화백
-산채 생각 2

묵향 가득한 산골
생강꽃 환한 발길로 반긴다

건하게 차림 없어도
정만큼 넘치는 술잔

마시다 쓰러져 잠이 들어도 좋고
폭설에 갇혀 며칠 묵어도 좋은

그냥,
퍽 좋은 사람

취산몽해醉山夢海

–산채 생각 3

바다가 보이지 않는 산속
창 열면 계곡 물소리 들어앉아
버들치 산천어 뛰어든다

물소리 따라 흘러
남대천 한갯목 지나
쫓기는 고도리 떼 만나
한바탕 물탕치고 놀다 보면

산속에 있으나
산을 보지 못했다

체로금풍體露金風

–산채 생각 4

빼곡한 나뭇잎 떨어져
해넘이로 보이는 나무들
칫솔모처럼 꼿꼿하다

백두대간 능선 산파도
오두막에 들이치면
서릿발 같은 바람
뼛속까지 서늘하겠다

월영月影

–산채 생각 5

소쇄하게 작은 창
새벽녘 찾아든 명월

매화 노란 꽃술
달빛 눌러앉아

바람 한편 흔들면
무정히 밤꽃 지던 밤보다
수척한 그리움

찢길 듯 열린 꽃잎
달빛 향기 맑다

흑룡금매黑龍金梅

-산채 생각 6

내가 빚은 연화주
한 병 들고 가
매화 옆에서 잔을 나누네

달빛 먹고 피었는가
검은빛 시린 소매

꽃봉오리 바라보며
한 번 보고
한 잔 술

매화 홀로 두고
술 취해 쓰러진 틈
몽혼에 파고든 흑매

분매盆梅

–산채 생각 7

뼈처럼 맑은 가지 움켜잡고
핏방울 떨어질 듯 핀 홍매

문밖
입춘대길

흠칫, 시린 향
꽃잎 질까 애처롭다

부채

–산채 생각 8

지월당止越堂* 만난 여름이었다

성성했는데 몸이 쇠해지려나
춥다 덥다 졸다 자다 늘어지다
헛심으로 식은땀 범벅인데
산채 올라가자 청한다

술 한 잔에 꽃 한 송이
먹향으로 피어나는 매화

펼쳐 드니 서릿발 같은 바람
월매 향기 파고들어
헛바람 나던 몸이 해맑다

* 박황재형 화백의 별호.

3부

가슴으로 사는 나무

말채나무 몸뚱어리
휘감아 올라선
다래 덩굴

하늘로 올라가는
밧줄 걸쳐놓고
반백 년 넘었으리

죽도록 가슴
아끼지 않은 사랑
말채나무가 위태롭다

안개 방

안개 자욱한 단목령
몇 걸음 밖 보이지 않는
산속

동그란 눈동자 지녀서일까
사방 둘러봐도 둥근 방
나를 가둔다

안개 방 안
괭이눈꽃과 마주쳤다
짝짓기에 울부짖는 들고양이 소리
몸이 후끈하다

안개 걷히고
물오른 산
바윗돌이 축축하다

가을 숲에 자다

갈참나무 빼곡한
왕승골 숲

낙엽에 하얗게
부서지는 달빛

도토리 떨어지는 소리
귀 환한 밤

쌓인 나뭇잎 속에 누워
잠 못 드는 그리움 하나

홀로 남아
산을 서성인다

양치기

티베트고원
숨쉬기조차 버거운 곳
양 떼가 풀잎을 찾아 헤맨다

높쌘구름 떠돌고
메루산 봉우리 향해 떠도는데
평원에 누워
아랑곳없는 양치기

하늘
땅
구름
바람

잠시 방랑길 멈춰
절대 고요에 든다

겨울 소승폭포

혹한 바람이 키운 빙벽

절벽 아래 전나무처럼
폭포가 거꾸로 자라
얼음나무가 된다

소승폭포 빙벽
머리 올렸다는 그 사람

새가 숲을 찾아오듯

겨울 소승폭포
얼음지기 날아들겠다

황소울음

산촌에 불이 났다

솜방망이 날듯 춤추는 불덩이
외양간 뒤 울창한 대숲에 붙었다
다급한 농부는 소고삐 바짝 거머쥐고
끌어당겨도 꼼짝 않자
삽자루 들고 궁둥짝을 친다
주인 외면한 채
망연히 바라보는 소
산더미 같은 불길 덮치자
황급히 뛰쳐나온다

소 잔등 쓰다듬으며 달래보는 농부
써레질하려 가둬놓은
논물이 탄다

허공은 불바다

대숲 마디 탈 때마다
놀란 하늘
터질 듯 팽팽하다

린자니의 밤

푸석한 흙먼지 길
린자니산 오르다
저물어 삐뚜름한 능선에
천막 치고 누웠다

적도의 고산 밤 추위
견디다 못해
움막 박자고 나와
밤바람과 맞섰다

푸나무 하나 살지 않는
산봉우리
모란꽃 송이만 한 별들이
땅에 꽂힌다

바라보면 떨어지고

돌아서면 떨어져
별꽃,
온 산 뜨겁다

산비탈에 앉아

소나무 박힌 철옹성
빽빽한 남설악 두루봉 오르다
가파른 능선 숨 고르며 앉아
숲을 본다

진달래 낮게 뻗은 나뭇가지
사이사이 허공이 길

저, 아래 산비탈

돌아보면 보잘것없는 삶
산 오르듯 억척스럽게 살았다

비바크

눈 덮인 겨울
산에서 하룻밤

떠날 때 열정 간데없고
몸은 찬 막대기다

침낭 속 파고들었지만
혹한 냉기 새어 들어
웅크리고 앉아 하늘을 본다

별만이 따뜻하다

초피장떡

초피나무 이파리
스쳐만 가도 숲 가득
차오르는 향내
눈이 환하다

두어 줄기 귀에 꽂고
종일 산을 오르내려도
눈꺼풀 속 파고드는 하루살이
얼씬 못 한다

동네잔치 으레 빠지지 않는
초피장떡

한 줌 따다
고추장 풀어 부침개 해놓고
애주 한 사발 들이켜면

온몸에 이는 향풍

삶에 멍든 어혈
한순간, 사라진다

바람꽃

자욱한 산안개
산을 오른다

산엔 안개비
구름이 나를 가둔다

낯선 밤 홀로
걸을 때보다 쓸쓸하다

산에 가면
발에 눈이 달린다

발눈에 밟힐 뻔한
바람꽃

딱히, 당신 만난 것처럼
가슴 설렌다

가을 토왕성폭포

온 산
들썩 타오르는데

홀로 불길 속 가르며
튀어 오르는
은빛 학꽁치 한 마리

복수초

듬성듬성 땅 숨구멍 낸 듯
삭정이 얽혀 뒹구는 산비탈
밤하늘 별이 떨어진 것처럼
샛노랗다

봄빛 쬐어
눈부신 꽃 잎사귀
종일 바라보다

혹여, 이 밤
천상으로 돌아갈까
애달프다

산벚꽃 피는 사월

고요한 산자락
확, 달려드는
애련한 산벚꽃

꽃 잎 지고 보이지 않아
가버렸다고 생각했는데
앞산 꽃물결이네

보고 있어도
본 것 같지 않은
뼈에 녹은 사랑

가슴 터질 듯
차오르는 사월이면
천지 물들이고 남겠네

수정초

낙엽 속
젖은 몸
비닐 털고 피어나

꽃봉오리마다
햇살 바서져
온 산 시리다

은하수

만 골짝 물은
바다로 흘러가고

천태만상 사람들
하늘로 흘러가

푸른 초저녁 밤
총총히 떠오르는 별

눈 발자국

선달그믐 종일 내린 눈
설악산 일색이다

해맞이 가자는 산벗 따라
산봉우리 향해 간다

무릎까지 차오른 눈
한 땀 한 땀 바느질하듯
걸어서 시침질

이 산 저 산
밤새도록 꿰맨
삐뚤삐뚤한 능선

산등성이 덮고 앉아
눈길 모아 바라보는
여명이여

피꽃

김칫독 터지는 이월
눈 쌓인 산봉우리 오르다
한낮 목줄 따 끌고 간
원시의 야성

저항한 흔적
또렷이 남아
존엄한 발자국
하얀 피꽃이 차다

평화를 꿈꾸는 아이

–에베레스트로 가는 이길봉 대장*에게

히말라야 으뜸 봉우리
초모랑마

하얀 룽다 이어놓은 듯한 능선
비행기 지나간 파동보다 아득하다

평화를 꿈꾸는 아이
태초의 시원
히말라야 전복을 찾아 나선다

일천 산괴
일만 봉우리
팽팽하게 당긴 활시위
터질 듯한 사가르마타

불타는 눈바다 뛰어들어

설악의 아들아!
그대,
흰 깃발 꽂으리

새벽녘 지구 뜨겁게 흔들
붉은 파도
평화의 산명
높게 세우리라

* 평화통일 기원 2019 대한민국 강원도 에베레스트 원정대 대장.

한라산 상고대

휘몰아치는 는개비
가르다란 구상나무 잎
끝자락 치달아 핀 꽃

순탄치 않은 산 정상
또박또박 오르다
쓰고 있는 모자 쓸어내리니
하얗게 날리는 서릿발

| 해설 |

체험의 내면화와 선적禪的 깊이

박호영 시인·문학평론가

1

일찍이 릴케는 "시는 체험이다"라고 정의를 내리면서 "한 줄의 시를 위해서 많은 도시와 사람들 그리고 사물들을 보아야 하고 동물들을 알아야 한다. 새들이 어떻게 나는지를 느낄 수 있어야 하고 조그마한 꽃들이 아침에 만들어내는 몸짓을 알아야 한다. 낯선 고장의 길과 예상하지 못했던 느닷없는 만남, 그리고 오래전부터 다가오는 것을 지켜보았던 이별을 알아야 한다"라고 했다. 잘 알다시피 그가 남긴 단 하나의 소설 『말테 브리게의 수기』에

나오는 구절이다. 이 구절은 간단히 줄여 말하자면, 한 줄의 시일지라도 체험이 바탕이 되어야 한다는 것이다. 릴케는 왜 이렇게 체험의 중요성을 강조한 것일까. 모르긴 몰라도 체험에서 우러나오는 시적 표현이 진솔하고, 독자들의 가슴에 와 닿을 수 있다는 것이 아닐까. 체험은 우리의 오관五官에 어떤 식으로든지 각인이 되고 마음속에 심어진다. 그것은 설사 바로 시로 표현되지 못하더라도 마음 안에서 유기적으로 성장하여 어느 순간 분출된다. 그런 출산의 고통을 겪은 시여야만 제대로 된 시이다. 이른바 변용의 시론이요, 유기체 시론이다.

방순미 시인의 두 번째 시집 『가슴으로 사는 나무』에 대한 해설을 쓰면서 새삼 이런 얘기부터 꺼낸 이유는 내가 아는 한 그녀는 몸으로 겪은 진솔한 체험을 바탕으로 시를 쓰고 있다는 사실 때문이다. 어느 시인이 체험을 아주 도외시한 채 시를 창작할까마는 그녀는 좀 더 특별하다. 그녀의 체험은 우연하게 겪게 되는 일이 아니라 일상적 삶의 일부이다. 가령 전문 산악인 수준의 산행은 그녀의 삶에서 없어서는 안 될 절대적인 비중을 차지하는 체험인 것이다. 이 같은 체험은 분명 그녀의 시 창작에 장점으로 작용한다. 물론 시인의 체험에 근거한 시들이 모두 시적 완성도에 있어 성공한 것은 아니다. 그러나 시인이 선보이는 시들이 점점 이전보다 내밀성을 지니고 깊이를 더해가는 것은 체험의 내공으로 인한 것이라는 생각이 든다.

이번 시집은 모두 3부로 구성되어 있으며, 작품 수는 총 60편으로 그렇게 많지는 않다. 이제 이 시들을 몇 개의 항목으로 나누어 살펴보기로 한다.

2

시인의 시에서 우선 눈여겨보게 되는 것은 가족에 대한 애정이다. 결코 순탄하다고 볼 수 없는 그녀의 삶에서 가족은 어느 면에서 소중하고, 안쓰럽고, 연민의 정이 느껴지는 사랑의 대상이다. 원래 가족 구성원이란 것이 따지고 보면 엄청난 업연으로 맺어진 관계이다. 불가에서는 옷깃만 스쳐도 인연이라 했는데, 몇십억을 헤아리는 세계 인구 중에 몇 명이 선택되어 특정한 조그만 공간인 집에서 가족이란 한 울타리를 형성했다는 것을 생각하면 인연도 보통 인연이 아닌 것이다. 시인은 이번 시집에서 딸, 남편, 아버지, 어머니에 대한 시를 선보인다.

객지에서 고생하다
집에 오면 별 보며
자고 싶다는 딸

앞바다 낮 동안 데워진
모래알에 나란히 누워
별을 본다

파도 소리 멀어지면
칠링,
별이 떴다 진다

별 뜬 곳 없고
진 곳 없는 하늘

가만히 볼수록
가슴 환하다
–「별」 전문

딸을 대상으로 한 시이다. 딸은 그녀에게 별과 같은 존재이다. '시인의 말'을 보면 "어머니 어머니로부터 어머니 그리고 딸/ 탯줄과 탯줄 생명을 이어갈 우주의 찬란한 생명"이다. 그래서 딸의 배냇이름도 '별'이라고 했다. 이 시를 통해 추리되는 것은 다음과 같은 것이다. 딸은 객지에서 생활하는데 엄마가 보기에는 고생이라 여겨질 만큼 삶이 힘들다는 것, 밤하늘의 별은 딸에게 위안과 희망과 이상의 대상이라는 것, 모녀의 관계는 나란히 백사장에 누워 별을 볼 만큼 서로 격의 없이 대화가 통하고 친밀하다는 것 등이다. 딸을 생각하는 엄마의 마음과, 엄마의 마음을 생각하는 딸의 마음이 행간 속에서 읽힌다.

그러나 그보다 더 주목하게 되는 것은 이 시의 후반부이다. 시인은 "별 뜬 곳 없고/ 진 곳 없는 하늘"이라고 했다. 분명 별을 보았으면 뜬 곳이 있을 것이고 그곳에서 졌을 텐데, 어떤 의미로 이 같은 언술을 했을까. 내가 파악하기로는 대상의 실체라는 것이 눈에 보인다고 보이는 것이 아니고, 보이지 않는다고 보이지 않는 것이 아니라는 불교의 교리가 그 속에 내재되어 있는 듯싶다. 아무것도 존재하지 않는 하늘을 보며 저곳이 별이 뜬 곳이니 진

곳이니 따지는 것이 무슨 의미가 있을까. 존재 유무는 마음으로 판가름된다. 모녀의 마음속에 하늘의 별이 있으면 있는 것이요, 없으면 없는 것이다. 일체유심조요, 진공묘유이다. 그 철리哲理는 다음 연에서 확연히 드러난다. "가만히 볼수록/ 가슴 환하다"가 그것이다. 여기서 우리는 '가만히'라는 단어에 유의해야 한다. '가만히'는 '지止수행'의 단초이다. 방하方下의 자세이다. 모든 것을 내려놓는 태도에서 청정이 생기고, 청정으로부터 대상의 본질이 드러난다. 그렇기에 가만히 봄으로써 별은 가슴속에 심어졌다. 그래서 환한 것이다.

남편을 제재로 삼은 다음 시도 같은 차원에서 거론될 수 있다.

팔을 늘 베개로 내어주는 이
삼십여 년 낡지도 않아
여전히 딱 맞는 베개

어젯밤 그가 저리다며
슬그머니 팔을 뺀다

내 탓인 것만 같아
밤새 가만히 아프다
–「팔베개」 전문

이 시에서도 '가만히'는 부부의 애정을 뒷받침하는 데 절대적인 역할을 한다. 시인은 남편의 팔을 30여 년 팔베개하고 잤다. 30여 년 낡지도 않고 늘 베개로 내어주었다는 것은 부부간의 애정이 그 기간 동안 변함없었으며, 남편의 건강 또한 그러했음을 말해준다. 그러나 어젯밤 남편은 저리다며 슬그머니 팔을 뺀다. '슬그머니'란 단어는 "드러나지 않게 가만히"란 뜻을 지닌다. 남편의 행동에도 '가만히'의 마음이 배어 있다. 앞에서 언술했듯이 모든 것을 내려놓은 청정의 마음이다. 그 동작을 보고 시인은 "내 탓인 것만 같아/ 밤새 가만히 아프다"고 한다. '밤새'라는 상당한 시간의 경과와 '가만히'의 태도에서 남편에 대한 지극한 사랑과 배려의 마음을 읽을 수 있다. 그렇다면 시인은 왜 "내 탓인 것만 같"다고 생각했을까. 물론 자신이 무리하게 남편의 팔을 베고 잤기 때문은 아닐 것이다. 한 집안의 생계를 위해 오랜 시간 트럭을 운전해온 남편의 고단함이 느껴진 때문일 것이다. 이 짧은 시에서 서로를 생각해주는 부부간의 애정은 눈물이 날 정도이다. '가만히'는 그 모든 사실을 떠받치고 있다.

다음은 아버지를 대상으로 한 시이다.

아버지는 멍텅구리배 사공이었다

오랜 객지 생활로 기억 뜸한 마중을 간다
고향 찾아드는 사람들 북적이는 틈으로
간절했으나 보고도 서로 모를 아버지
물 빠진 갯벌만 바라보다 돌아섰다

집에 오니 먼저 와 계신 게 아닌가
온 세상 내 것인 양 우쭐해
동네 사람 보기만 하면 달려가
우리 아버지 오셨다고 소리쳤다

그것도 잠시
궤짝 위 목화솜 베자루 두엇
올려놓고 다시 객지로 내몰렸다

돛도 닻도 없는
멍텅구리배 사공이었던 아버지
딸이 시집가던 해
돌아올 수 없는 길을 가고야 말았다

그분 향기 짙게 밴
목화솜 혼수 한 채

유리산누에 빈방 드나들듯
겨울이면 하염없이 뒹구는
갯바람 나는 하얀 목화밭
—「멍텅구리배 사공」 전문

멍텅구리배란 서해안의 무동력 새우잡이 어선을 말한다. 자체적으로 움직일 수 없고 다른 배가 끌어주어야 하기에 그런 이름이 붙여졌다고 한다. "돛도 닻도 없는" 배라는 것은 그런 배밖에 탈 수 없는 가난함을 암시한다. 시인의 아버지는 그 배의 사공이었다. 시인은 아버지 얼굴 보기가 힘들었다. 한번 배를 탔다 하면 며칠을 바다에서 살아야 하고, 여러 곳을 돌아다녀야 했기 때문이다. 더구나 적지 않은 식구들을 먹여 살리기 위해선 고되게 일해야 했다. 시인은 아버지 얼굴이 잘 기억나지 않는다. 그만큼 집에 들어오는 날이 너무 적었다. 그러나 그녀는 아버지가 돌아올 때면 마중을 나가고 동네에도 자랑을 했다. 비록 자주 함께 있지 못하는 아버지이지만, 아버지에 대한 애정과 그리움은 다른 사람 못지않게 컸다. 여기서 우리는 시인의 가족들이 비록 가난하지만 깊은 사랑으로 맺어져 있음을 파악할 수 있다. 그러나 아버지는 그녀 시집가던 해에 이승을 떠나고 말았다. 아버지가 그녀에게 남긴 것은 오직 "목화솜 혼수 한 채"이다. 예전에 목화솜 이불은 없는 집안에서는 큰마음 먹어야 마련할 수 있는 혼수였나. 비록 무겁기는 하지만 정성과 따뜻함이 담겨 있는, 아마 시인에게도 딸에 대한 아버지의 따뜻한 사랑이 느껴지는 물건이었을 것이다. 그녀는 아버지에 대한 그리움과 고마움을 다음과 같은 서술로 맺는다. "유리산누에 빈방 드나들듯/ 겨울이면 하염없이 뒹구는/ 갯바람 나는 하얀 목화밭"이라고. 이 시의 백미에 해당하는 부분이다. 유리산누에는 추운 겨울을 나기 위해 가을에 실크를 뽑아내어 고치를 만든다. 고치는 유리산누에의 집이다. 그 집을 만들려고 유리산누에는 얼마만큼 드나들었을까. 그러나 일단 만들어놓으면 더할 나위 없이 따뜻한 집이다. 마찬가지로 시인에겐 아버지가 어렵사리 마련해준 목화솜 혼수가 바로 그러한 집이다. 그래서 추운 겨울이 되면 목화솜 이불을 덮으며 아버지의 따뜻한 정을 생각하는 것이다.

어머니에 대해서는 「바랭이풀 뽑다가」란 시에서 서술되는데, 이제는 이웃 마실 가시는 것이 어려울 정도로 늙으신 어머니의 텃밭 풀을 뽑아내 주면서 시인은 "바랭이 풀보다/ 지독했을 외로움/ 노을 비친 어머니/ 손등이 붉다"라고 읊는다. 여기서 우리는 홀로 다섯 자식을 키우며 오랜 세월 홀로 산 어머니에 대한 애틋한 애정을 엿볼 수 있다.

3

시집 2부의 특징적인 면은 연작시가 두 개 있다는 사실이다. '콧구멍 없는 소와 수미산'이란 부제가 달린 다섯 편의 연작시와, '산채 생각'이란 부제가 달린 여덟 편의 연작시이다. 모두 그녀가 겪은 체험에서 산출된 작품들이다. 전자의 연작시를 먼저 살펴보기로 한다.

'콧구멍 없는 소'는 최명길 시인의 시집 제목이다. 그렇다면 최명길 시인은 누구이며, 수미산은 어떤 곳인가. 후산 최명길은 한마디로 설악의 시인이다. 설악을 끼고 살며 산이 부르는 소리가 들려 산을 찾는다는 시인이 그이다. 방 시인은 우연히 이성선, 최명길 두 시인이 주관하는 '물소리시낭송회'를 갔다가 후산 최명길 선생을 만나고, 나중에 그에게 시 창작을 사사師事한다. 그녀 역시 설악산에 사는 남자와 결혼하게 되었으니, 그녀와 후산 선생의 만남은 운명적이라 할 수 있다.

그녀는 2012년 티베트 수미산 등반 때 최명길 시인의 시집 『콧구멍 없는 소』를 배낭에 넣고서 한 달간 순례했다. 스승과 함께 백두대간, 킬리만자로, 안나푸르나를 등반했는데 왜 수미산은 혼자 간 것일까. 6천 미터를 훨씬 넘는 수미산을 오르는 여러 날의 여정이 스승에게는 건강상 벅찬 때문이었으리라. 그래서 방 시인 혼자 수미산을 갔다 오게 된 것 같다. 그러나 스승의 죽음을 예감한 걸까. 그녀는 스승이 못 가는 대신 그의 시집 『콧구멍 없는 소』를 지니고 가서 수미산에 묻고 왔다. 이 의식 행위는 스승을 위한 것임과 동시에 자기 수행의 결심에서 비

롯된 것이라 볼 수 있다. 이 상황은 연작시 첫 번째 작품에 잘 나타난다.

이 산, 여기까지
소가 나를 업고 왔다

수미산 순렛길
내가 업고 가야겠다

소를 배낭에 넣고 나섰다
공기가 희박하다

야크몰이꾼 짐승보다 큰
짐을 싣고 올라간다

콧구멍 없는 소는 말이 없다
종일 걸었다

야크도 쉬어 가는 디라북사원
콧구멍 없는 소를 꺼내

침낭 속에 넣었다

밤새도록 괭이잠만 드는데
소는 기척이 없다
-「디라북사원에서-콧구멍 없는 소와 수미산 1」 전문

수미산은 해발 6,714미터로 불교나 힌두교의 우주관에서 우주의 중심을 이루는 거대한 산으로 알려져 있다. 정상에는 제석천의 궁전이 있고, 중턱에는 사천왕의 거처가 있다고 한다. '눈의 보석'이란 뜻으로 카일라스라고 하며, 그 뜻 그대로 만년설을 머리에 이고 있다. 많은 순례자들이 평생의 업보를 지우기 위해 고행을 마다하지 않고 수미산을 찾는다. 시인 역시 어떤 계기로 수미산을 탐방하게 되었는지 몰라도, 고행을 각오했고 이 기회에 '콧구멍 없는 소'가 되려고 한 것 같다.

최명길 시인의 언급에 의하면 '콧구멍 없는 소'는 모든 넝쿨을 끊어버리고 나서 만나게 되는 환한 세계이다. 여기서 넝쿨이란 이 세상에서 얽히고설키게 되는 구속을 의미한다. 그 구속에서 벗어날 때 꿈꾸는 세계가 앞에 나타나는 것이다. 그러면 어떻게 구속에서 벗어나는가. 끊어버려야 한다. 집착이나 욕망 등 모든 것을 미련 없이 버려야 한다. 아마도 방 시인이 시집 『콧구멍 없는 소』를 배낭에 넣어 온 것도 일면 그러한 의도가 있었으리라. 마음 한구석이 아직까지 구속에서 벗어나지 못하여 넝쿨에 얽혀 사는 자신을 돌이켜보며 시집을 통한 스승의 가르침을 되새기고자 했던 것이다. "이 산, 여기까지/ 소가 나를 업고 왔다"라는 구절에서 우리는 그 의도를 살필 수 있다. 그러나 그녀가 '콧구멍 없는 소'와 같은 자유로운 존재가 되었는가. 그렇지 못하다. "밤새도록 괭이잠만 드는데/ 소는 기척이 없다"는 그녀와 소의 간극을 보여준다. 즉, 그녀는 잠도 제대로 들지 못하여, 아무런 구애도 받지 않는 소와 같은 존재가 되지 못한 것이다.

발 땅에 눌어붙는 듯한
업장소멸 고개 올라섰다

산릉선
온통 룽다 숲
바람에 흩날린다

숨이 꺼질 듯 턱 밑에 있고
배낭 속 소를 살펴본다

아무런 일 없다는 듯
고요하다
—「업장소멸 고개-콧구멍 없는 소와 수미산 2」 전문

연작시 두 번째 작품이다. 시인의 여정은 업장소멸의 고개라 일컬어지는 될마라까지 이르렀다. 여기도 5천 미터가 훨씬 넘는 고산지대이다. 공기가 희박하고 힘들어 숨이 턱에 찬다. 그러나 업장소멸이 되었는가. 그렇지 않은 것 같다. 배낭 속에 있는 소는 고요한데, 사신은 힘이 들어 숨 쉬는 것조차 제대로 되지 않는다. 고요하지 않다. 고요하지 않다는 것은 나의 실체와는 거리가 먼 것이요, 본연의 나를 찾지 못한 것이다. 전생의 업을 털어내지도 못했다. 산릉선에서 숲을 이루다시피 한 수많은 룽다는 무명에서 벗어나고 번뇌에서 해탈하라고 바람에 흩날리는데, 시인은 업장소멸의 고개에 이르러서도 업장에 얽매여 있다. 업장業障이란 악업의 장애이다. 전생에 악업이 있는 사람은 현생에서 그 악업으로 인해 여러 가지 장

애에 부딪힌다. 살면서 무슨 일이 잘 안 되는 사람은 전생에 본인이 저지른 악업이 있다고 보면 되고, 현생에서 그것이 소멸되어야 비로소 해탈로 나아간다. 이 될마라고개는 이곳을 넘으면 업장이 소멸된다고 해서 '업장소멸의 고개'로 이름 붙여졌다. 그런데 어렵게 여기에 이르렀는데 시인이 생각하기에 아직 업장이 소멸되기에는 먼 것 같다.

이 시의 장점은 극도의 감정 절제와 축약이다. 사실 이 시에서 시인이 할 얘기는 많다. 왜 업장을 소멸시키려고 하는지, 전생의 업장은 무엇인지, 배낭 속의 시집은 무슨 목적으로 가져왔는지 설명이 필요하다. 그러기 위해선 시 전체의 길이가 길게 늘어져야 한다. 그러나 시인은 일체의 췌사를 허락하지 않았다. 이 모든 내용을 4연 9행의 짧은 형식 속에 함축시켰다. 그렇게 함으로써 오히려 독자들에게 많은 여운을 남겼다. 일찍이 정지용 시인이 말한 '외연히 서늘함', 즉 시의 위의威儀가 느껴진다.

시인은 이곳에 스승의 시집을 묻었다. 연작시 세 번째 작품 「시집을 묻다-콧구멍 없는 소와 수미산 3」에서 "수미산 삼도 해탈/ 고갯마루// 빛다발 내리는/ 오색 타르초 아래/ 콧구멍 없는 소를 묻는다"라고 그녀는 노래했다. '업장소멸의 고개'는 '삼도 해탈의 고갯마루'이기도 하기에 됫마루에 시집을 묻었음을 밝혔다. 그러나 스승의 시집을 이역만리 땅에 묻는 시인의 심경은 어땠을까. "나, 홀로/ 무섭도록 쓸쓸한 소신"에서 느껴지듯이 비록 소신공양을 바란 스승이지만 그동안 그의 시집이나마 함께했기에 외로움이 덜했는데, 이제는 단독자로서의 처절한 고독에 직면한다. 그 감정의 상태는 무서울 정도이다. 그러나 시집을 다시 가져간다는 것은 오히려 "누구도/ 내 코를 꿰어 끌고 갈 수 없다"라며 구속 없는 자유를 외친 스승의 의사에 어긋나는 것이다. 그래서 묻고서 아득한 벼랑을 내려서 돌아왔다. 연작시 네 번째 작품「뿔무소와 성산—콧구멍 없는 소와 수미산 4」에서 그 과정을 살펴볼 수 있다.

다음은 연작시의 마지막 작품이다.

수미산 안과 밖
순례 마치고
그날은 카일라스 덮고
잠이 들었다

수미산 안섶 길
누군가 사지 벌리고 산을 막아섰다
들어가지 못하는 사람들은 아우성치는데
수미산지기는 놀랍게
콧구멍 없는 소였다

스승이시여!
엎드려 발목 잡고 애원하며
나만 봐달라고 떼를 썼다
어림도 없다는 듯
눈길도 주지 않는다
억울하여 흐느껴 울었다

깨어보니
베개가 흥건하다
–「수미산지기–콧구멍 없는 소와 수미산 5」 전문

이 시는 순례를 마치고 나서의 상황을 배경으로 한다. 내용을 보면 그녀는 꿈에서 수미산지기를 만난다. 그런데 놀랍게 산지기는 콧구멍 없는 소, 다름 아닌 스승이었다. 그 스승을 붙잡고 수미산에 들어가게 해달라고 애원하지만 그는 눈길조차 주지 않는다. 그녀로선 억울한 일이다. 그 어려움을 무릅쓰고 수미산에 모셨는데, 자기만은 봐줘야 하는 것이 아닌가. 그러나 평생의 업보를 지우기엔 아직 멀었다는 것이 스승의 태도이다. 물론 이러한 서술은 꿈이지만 시인 스스로 돌이켜볼 때 아직도 진정한 자유를 얻기 위해서는 고행을 더 해야 할 것 같다, 그것을 그녀는 고백하는 것이다.

4

두 번째 연작시는 '산채 생각'이다. 모두 여덟 편의 시로 되어 있다. 편수가 많은 것은 그만큼 이 일련의 시들에 시인이 비중을 둔다는 증좌이다. 그러면 이 산채山寨는 누구의 거처인가. 박황재형이란 인물이 사는 곳이다. 그는 백두대간 줄기에 있는 구룡령 600미터쯤에 산채를 짓고 산다. 먹그림 그리며, 글씨 쓰고, 돌을 쪼는 것이 그의 일과이다. 한마디로 그는 산인山人이다. 두 사람 사이의 만남이 어떻게 이루어졌는지 자세히 모르지만, 시의 내용으로 보아 방 시인이 백두대간을 종주하다가 우연히 들른 곳이 박황 화백의 산채였던 것 같다. 「사이새」는 연작시 첫 번째 작품이다.

> 예순아홉 굽이 산길
> 돌아가다 만난 체로금풍
>
> 침묵보다 깊은
> 바람 가득한 오두막
>
> 울지 못하고 날 수 없는
> 돌새 한 마리
> –「사이새–산채 생각 1」 전문

시인은 백두대간 줄기인 구룡령을 등반했다가 돌아가는 길에 박황 화백의 작업실을 보게 된다. 작업실의 당호는 '체로금풍'이다. 현판의 글씨는 그가 직접 쓴 것이다. 원래 체로금풍은 선기禪機가 원숙한 운문 선승이 한 말로, 『벽암록』 27칙에 나오는 구절이다. 어느 중이 "나뭇잎이 시들어 떨어지면 어떻게 됩니까" 하고 물으니, 운문 선승이 "가을바람에 온몸이 드러난다體露金風"라고 답했다는 것이다. 어느 중의 물음은 자연현상을 있는 그대로 받아들이지 못하는 것으로 마음이 분별에 머물러 있음에 반해, 운문은 분별을 내려놓아 참다운 무심의 경지에 들어야 함을 말했다고 할 수 있다. 박황 화백이 그의 작업실 당호를 '체로금풍'이라 한 것도 그가 마음속에 아무런 얽매임도 거리낌도 없는 '심무괘애心無罣碍'의 경지를 추구했기 때문이다.

2연에서 시인은 그의 오두막을 "침묵보다 깊은/ 바람 가득한 오두막"이라고 한다. 바람이 가득하다면 그 소리로 오두막이 시끄러울 텐데, 그녀는 침묵보다 깊다고 한다. 이 역설을 어떻게 받아들일 것인가. 그것은 훤소喧騷를 초월한 적막이요, 고요이다. 바람 소리가 오히려 오두막을 깊은 적막에 빠지게 하고 있다. 시인에게는 그렇게 보인다. 그것은 다시 말하면 오두막의 적막이 그녀에게 말을 건네고 있는 것이다. 하이데거식으로 말한다면 적막은 부름이요, 울림이다. 그렇게 본다면 오두막의 적막이 그녀에게 어떠한 삶을 살아야 할 것인가를 묻고 있는 것은 아닐까.

이 시의 제목이 '사이새'인데, 시 말미에 '돌새'가 등장

한다. 시인의 주석에 따르면 그것은 박황 화백이 돌로 조각한 새이다. 그는 새를 즐겨 조각하는 것으로 알려져 있다. "새는 제 자화상이에요. 하늘과 땅을 오가면서 소식을 전하는 전달자라는 점에서 새는 예술가들의 분신이라고 생각해요"라고 말하는 것만 보더라도 새에 대한 그의 애착을 엿볼 수 있다. 그러나 시인이 보기에 '돌새'는 울지 못하고 날 수 없는 존재이다. 새로서의 생명과 기능을 지니지 못했다. 자유로움을 추구하는 화백이 왜 하필 돌로 자유의 상징인 새를 조각하는 것일까, 의문이 들었으리라. 추측건대 그는 무수한 새를 조각하면서 하늘과 땅을 오가는 새 같은 존재가 되기를 거듭 다짐하는 것인지 모른다.

다음 작품들에서는 "서릿발 같은 바람"이 "체로금풍"을 대신하기도 한다.

빼곡한 나뭇잎 떨어져
해넘이로 보이는 나무들
칫솔모처럼 꼿꼿하다

백두대간 능선 산파도

오두막에 들이치면
서릿발 같은 바람
뼛속까지 서늘하겠다
—「체로금풍體露金風—산채 생각 4」 전문

지월당止越堂 만난 여름이었다

성성했는데 몸이 쇠해지려나
춥다 덥다 졸다 자다 늘어지다
헛심으로 식은땀 범벅인데
산채 올라가자 청한다

술 한 잔에 꽃 한 송이
먹향으로 피어나는 매화

펼쳐 드니 서릿발 같은 바람
월매 향기 파고들어
헛바람 나던 몸이 해맑다
—「부채—산채 생각 8」 전문

두 작품의 계절적 배경은 상반된다. 위의 시는 겨울이고 아래 시는 여름이다. “서릿발 같은 바람”은 어느 계절이고 해이한 자아를 일깨운다. 뼛속까지 서늘하게 해서 깨우치기도 하고, 헛바람 나던 몸을 해맑게 하여 깨우치기도 한다. 여기서 우리는 시인이 왜 ‘산채 생각’이라는 부제를 달고 여덟 편의 시를 써 내려갔는가를 짐작해볼 수 있다. 외부와 절연된 산채에서의 “서릿발 같은 바람”의 체험이 그녀에게 안이한 삶에 대한 자극을 준 것이다. 물론 “서릿발 같은 바람”만 그런 것은 아니다. 단순한 삶 속에서 행복을 추구하는 산채 주인, 그가 쓰고 그리고 만든 모든 예술품들이 ‘산채 생각’에 포함된다. 더구나 그는 시인과 통하는 바가 많지 않은가. 산을 좋아하고, 술을 좋아하고, 사람들과의 만남을 좋아하는 것이 서로 같다. 그래서 산채에서의 체험을 떠올려 여러 편의 시를 지은 것이다.

시인에게는 ‘지월당’이란 그의 호도 마음에 든다. ‘지월止越’이 무엇인가. 넘거나 넘어가기를 멈추었다는 것이다. 그것은 일체의 집착과 욕심을 내려놓고 자연을 벗 삼아 마음에 꺼릴 것 없이 살아가겠다는 것이다. 이것은 바로 그녀가 추구하려던 바이기도 하다. 그러므로 삶의 가

치관까지도 동일한 것이다. 아마도 그가 산채에 있는 한, 그녀는 그를 찾고 오두막을 찾아 산채의 "체로금풍"과 "서릿발 같은 바람"이 그녀에게 들려주는 무정설법無情說法에 귀를 기울일 것이다.

5

지금까지 살펴본바, 방순미 시인의 시는 직접적인 체험을 바탕으로 나온 것이다. 그녀는 가족, 스승, 수미산, 산채를 체험하면서 자신의 정신적 세계를 넓혔다. 그리고 그것을 시화詩化했다. 그 외에도 산악인으로서 무수히 많은 곳을 다니면서 겪은 체험을 이번 시집에 시로 수록했다. 그중에서도 「바깥」이나 「물을 보다」는 득의得意의 경지에 이른 뛰어난 작품이다. 이를 마지막으로 살펴보기로 한다.

밋밋한 봉분 곁으로
'바깥'이라는 팻말은
산방 대문이었다

옆에서 도반이
어깨동무 글씨체로 쓴
이 사람은 어제
오음의 각루자殼漏子 벗었다고 한다

저, 바깥
소리 없는 소리

가던 길 멈춰 서
안과 밖
길을 묻는다

주인 없는 뜰 서성이다
숲 속 벗어나니
소양호 물소리 맑다
—「바깥」 전문

시의 내용으로 볼 때 산방 주인은 어제 세상을 떠났다. "오음의 각루자"를 "벗었다" 함은 인간의 색·수·상·행·

식으로부터 생기는 더러움을 벗게 되었다는 것으로, 결국 주인이 죽었다는 것이다. '바깥'이란 글씨는 그가 쓴 것이다. 이 모든 사실은 같이 길을 걷던 도반이 일러주었다. 우리는 여기서 다음과 같은 생각을 하게 된다. '바깥'이란 글씨를 써서 안과 밖을 구분한 주인은 지금 안에 있는가. 세상을 떠났으니 그가 있는 곳은 안이 아니요, 바깥일 것이다. 삶이 안이요, 죽음이 바깥이라면 어느 누구도 안에만 있을 수 없다. 죽음으로부터 예외인 인간은 없기 때문이다. 그러므로 밋밋한 봉분의 죽음과 자신의 삶을 구분하기 위해 굳이 '바깥'이란 팻말을 주검 곁에 둔 주인의 처사는 무의미한 것이 아닌가. 시인에겐 이 진리가 "소리 없는 소리"로 들린다. 그녀에게 '바깥'의 적막은 오히려 사자후이다.

"안과 밖/ 길을 묻는다"라는 구절은 그녀의 이런 심득心得 끝에 나온 것이다. 안과 밖을 굳이 구별함은 상相에 집착한 결과이다. 『금강경』에서는 '제상비상諸相非相'이라 하여 눈에 보이는 모든 대상은 환유에 지나지 않는 것이요, 결국은 무無로 돌아가는 것이니 무주심無住心을 지닐 것을 강조하는데, 그녀 역시 이 마음을 지향하는 것 같다. 이 시의 마지막 부분인 "소양호 물소리 맑다"라는 것은 그녀가 상에 얽매인 미혹의 경지로부터 벗어났음을 대변한다.

태양에 물비늘
눈부신 계곡에 앉아
물소리 본다

돌멩이 생긴 대로
물빛 다르고
물소리 다르다

말랑말랑한 소리

부딪쳐 소리가 나도
물엔 상처가 없다

오직 흐를 뿐
–「물을 보다」 전문

이 시도 만만치 않은 선적 깊이를 보여준다. 시인이 마주하고 있는 것은 계곡의 물소리이지만 그녀는 그 소리를 듣고 있지 않고, 보고 있다. 들어야 자연스러운 것을 본다는 것의 의미는 무엇인가. 듣는 것은 물소리를 현상 그대로 받아들이는 것이지만, 보는 것은 물소리의 본질을 눈여겨보는 것이다. 그 결과 돌멩이의 모양에 따라 물빛도 다르고 물소리도 다르다는 것을 알았다. 그녀는 그 사실을 물소리를 '봄'으로써 터득했다. 그러면서 그 소리를 "말랑말랑한 소리"라고 한다. 촉각과 청각이 어우러진 공감각적 표현이다. 말랑말랑하다는 것은 소리의 유연성을 말한다. 유연성은 포용과 융합의 장점을 지닌 것이다. 그런 소리를 지녔기에 물은 상처가 없다. 신라 때의 지선 선사가 학인學人을 계도한 게송으로 알려진 "달그림자 연못 깊숙이 파고들지만 물은 전혀 상처 없네"와 같은 경지가 이에 해당한다. 마지막 한 연 한 행의 "오직 흐를 뿐"이란 것은 물은 오직 물의 본성대로 존재함을 얘기한 것으로, 사람도 물처럼 그렇게 살아야 하지 않겠느냐는 메시지가 함축되어 있다.

두 편의 시에는 선적 예지와 심미적 자연관이 담겨 있어 선취시禪趣詩로 분류할 만하다. 나는 방 시인의 시적 경향이 앞으로 이 방향으로 전개되기를 바란다. 그녀에게는 이런 시를 쓸 수 있는 노하우가 축적되어 있다. 그 노하우란 산악인으로서 산이라는 대상과 밀접한 관계라는 것, 불자로서 그 교리에 깊은 관심을 보이고 있다는 것, 스승 생전에 선禪에 관해 꾸준히 공부해왔다는 것 등이다. 그 잠재력이 이런 시를 가능케 한 것이다. 다음 시집에는 이 같은 시들이 좀 더 많이 수록되기를 기대한다.

방순미

1962년 충남 당진 대호지에서 태어나 2010년《심상》에「가야동 계곡의 달」「옷 주름을 세우며」「바람의 말」 등으로 등단하면서 작품 활동을 시작했다. 2014년 펴낸 첫 시집『매화꽃 펴야 오것다』가 이듬해 세종도서 문학나눔에 선정되었으며 2017년 한울문학상을 수상했다.
산이 좋아 자주 오르다 보니 (사)양양군산악연맹 관동산악회 회장을 지냈으며 현재 한국시인협회, 물소리詩낭송회, 나루문학회, 당진시인협회, 양양생명포럼 회원으로 활동하고 있다.
wwsulsul@hanmail.net

가슴으로 사는 나무

—

초판 1쇄 2019년 7월 10일
지은이 방순미
펴낸이 김영재
펴낸곳 책만드는집

—

주소 서울 마포구 양화로3길 99, 4층(04022)
전화 3142-1585·6
팩스 336-8908
전자우편 chaekjip@naver.com
출판등록 1994년 1월 13일 제10-927호

* 후원 : 강원도 강원문화재단

—

ISBN 978-89-7944-696-8 (04810)
ISBN 978-89-7944-354-7 (세트)